BEI GRIN MACHT SICH IHR
WISSEN BEZAHLT

- Wir veröffentlichen Ihre Hausarbeit,
  Bachelor- und Masterarbeit

- Ihr eigenes eBook und Buch -
  weltweit in allen wichtigen Shops

- Verdienen Sie an jedem Verkauf

Jetzt bei www.GRIN.com hochladen und kostenlos publizieren

Digitale Medien und E-Learning in der Schule. Einsatzmöglichkeiten und kritischen Aspekte

Ayse Toprak

Bibliografische Information der Deutschen Nationalbibliothek:

Die Deutsche Nationalbibliothek verzeichnet diese Publikation in der Deutschen Nationalbibliografie; detaillierte bibliografische Daten sind im Internet über http://dnb.d-nb.de abrufbar.

ISBN: 9783346524218
Dieses Buch ist auch als E-Book erhältlich.

© GRIN Publishing GmbH
Nymphenburger Straße 86
80636 München

Druck und Bindung: Books on Demand GmbH, Norderstedt Germany
Gedruckt auf säurefreiem Papier aus verantwortungsvollen Quellen

Das Buch bei GRIN: https://www.grin.com/document/1141083

Hamburger Fern-Hochschule

Psychologie

Hausarbeit

Die Einsatzmöglichkeiten und kritischen Aspekte von digitalen Medien im Unterricht

Modul pädagogische Psychologie II (PG2)

Prüfungskennzeichen: PY00-PGW-PH2

von

Ayse Toprak

22.06.2021

Inhaltsverzeichnis

1. Einleitung

Die Schule ist ein Ort, wo das Wissen erweitert wird und wo die Lernenden die meiste Zeit ihres Lebens verbringen. Somit sollten Schulen und Unterricht attraktiv und strukturiert sein. Dementsprechend sind die richtigen Lernmethoden und der richtige Einsatz von Medien nötig. Früher stand der Lehrende im Mittelpunkt der Klasse, dieser war der „Wissensübermittler". Dagegen werden heute diverse Medien im Unterricht verwendet, wie Laptops, Tablets, Smartphones, Fernseher, Beamer und Whiteboards, die als „Wissensübermittler" angesehen werden. Im weiteren Verlauf dieser Hausarbeit werden einige der genannten Medien kurz dargestellt.

Diese Arbeit spiegelt, die Einsatzmöglichkeiten von digitalen Medien in der Schule und die jeweiligen kritischen Aspekte, wider. Folglich wird das Thema „der Einsatz digitaler Medien im Unterricht" erläutert. Die Hausarbeit ordnet sich der Pädagogischen Psychologie unter, da diese über die Möglichkeiten, digitale Medien in die Schule einzubinden, informiert. Daher befasst sich diese Arbeit über den Themenbereich: „Welche Einsatzmöglichkeiten und kritischen Aspekte von digitalen Medien gibt es im Unterricht?". Der Grund, warum sich diese Arbeit diesem Thema widmet, ist, dass digitale Medien sich immer weiterentwickeln und diese auch häufiger im Unterricht integriert werden. Allererst werden die Begriffe „Medien" und „Mediendidaktik" erklärt. Gefolgt von der Wirkung der digitalen Medien im Unterricht. Der Schwerpunkt dieser Arbeit behandelt die Einsatzmöglichkeiten digitaler Medien in Schulen. Unter diesem Punkt sind diese Möglichkeiten, wie Computerräume, Medienecken in Klassenräumen etc. aufgelistet. Weiters erfahren Sie die kritischen Aspekte, die mit den digitalen Medien einhergehen. Zum Abrunden wurde das „E- Learning" erläutert, da wir zurzeit in einer Pandemie leben und der Unterricht hauptsächlich virtuell stattfindet.

2. Begriffserklärung

2.1 Medien

Laut Britta Pawlak kommt der Begriff „Medium" aus dem Lateinischen und bedeutet übersetzt „Mitte". Anders ausgedrückt versteht man unter einem Medium einen „Vermittler" von Inhalten. Der Begriff „Medien" ist die Mehrzahl und meint die Massenmedien der modernen Gesellschaft, durch welche den Menschen Informationen zugänglich gemacht werden, wie Zeitungen, Bücher, Magazine. Dazu gehören auch die sogenannten „neuen Medien", denen die „digitalen Medien" wie zum Beispiel Internet, E- Books, Smartphones untergeordnet werden. Zusammengefasst sind Medien Mittel, anhand derer Informationen in Form von Texten, Tönen und Bildern publiziert werden können. Unter Zuhilfenahme von diesen Mitteln können sich Menschen informieren, bilden, unterhalten oder austauschen (Pawlak, 2018, o.S).

2.2 Mediendidaktik

Für Angelika Gundermann beschäftigt sich der Begriff „Didaktik" mit Lehr- und Lernprozessen sowie der Effektivität von Unterricht und beinhaltet daher sowohl die Methode der Wissensvermittlung, als auch die Art der Kommunikation zwischen Lehrenden und Lernenden. Diese beobachtet, welche Faktoren den Lehr-Lernprozess anregen. Die Mediendidaktik ist ein Teilgebiet der allgemeinen Didaktik und befasst sich mit Medien in Lehr- Lernprozessen in Relation zu Funktion, Auswahl, Entwicklung und Gestaltung (Gundermann, 2015, S.2).

3. Wirkung der digitalen Medien im Unterricht

Bardo Herzig geht davon aus, dass Unterricht ein Interaktionsgeschehen zwischen Lehrenden und Lernenden ist, indem Lernaktivitäten von SchülerInnen anhand spezifische Lehraktivitäten von Lehrenden angeregt beziehungsweise unterstützt werden. In den Lehr- und Lernprozessen können die digitalen Medien als Instrument (didaktisch) und als Lerngegenstand (erzieherisch) eingesetzt werden. „In didaktischer Hinsicht stellen digitale Medien Lernmaterialien bzw. Lernwerkzeuge dar" (Herzig, 2014, S.9). Folgend werden vier Einflussfaktoren genannt, die die Wirkung digitaler Medien im Unterricht bestimmen:

- **Digitale Medien oder Medienangebote** lassen sich durch diverse Eigenschaften charakterisieren, die für die Wirkung des Angebots einzeln oder in Wechselwirkung mit anderen Bedeutung haben. Ein Medienangebot ist ein Lernprogramm, welches durch spezifische Inhalte, Zielvorstellungen, Darstellungsformen und mehr (siehe Abbildung) gekennzeichnet ist. Je nach Angebot können die Charakteristika größere oder geringere Bedeutung haben.

- **Unterrichtsprozesse** lassen sich auch anhand verschiedener konstitutiver Merkmale darstellen, wie Unterrichtsziele, behandelte/ bearbeitete Inhalte, angewendete Methoden, lerntheoretische Implikationen etc.
- **Lehrpersonen** besitzen mediendidaktische Kompetenzen, haben auch ein spezifisches Professionsverständnis und verfügen darüber hinaus über Werthaltungen und Einstellungen, die in unterschiedlicher Weise Einfluss auf die Gestaltung von Lehr- und Lernsituationen, auch auf Unterrichtsprozesse nehmen können.
- **Lernende** beziehungsweise SchülerInnen weisen Eigenschaften und Merkmale, wie zum Beispiel themenspezifisches oder überfachliches Vorwissen, intellektuelle Kapazitäten, soziokulturelle Hintergründe oder auch ökonomische Bedingungen, auf (Herzig, 2014, S.10).

https://www.bertelsmannstiftung.de/fileadmin/files/BSt/Publikationen/GrauePubli kationen/Studie_IB_Wirksamkeit_digitale_Medien_im_Unterricht_2014.pdf,

Diese Abbildung wurde aus urheberrechtlichen Gründen von der Redaktion entfernt.

Abb. 1: Wirkung digitaler Medien im Unterricht: Einflussfaktoren (Herzig, 2014, S.10)

Laut Bardo Herzig ist es notwendig, sich auf die Wirkungsebene zu fokussieren. Erstens können digitale Medien in schulischen Lehr- und Lernprozessen daraufhin untersucht werden, auf welcher **Ebene des Individuums** sie zu Effekten führen können, zum Beispiel in Bezug auf fachlichen/ überfachlichen Lernerfolg, Motivation- und kognitive Fähigkeiten (Selbststeuerung). Zweitens können Wirkungen auf der **Ebene des Unterrichtsprozesses** in Betracht gezogen werden, wie im Hinblick auf Unterrichtsqualität (Kooperation von SchülerInnen, Nutzung aktiver Lernzeit, Strukturierung von Lernprozessen). Zuletzt kann die Wirkung digitaler Medien ebenfalls auf der dritten **Ebene der Schule** festgestellt werden, beispielsweise im Hinblick auf die Veränderung von infrastrukturellen Rahmenbedingungen- und Personalentwicklung (Herzig, 2014, S.11).

4. Einsatzmöglichkeiten digitaler Medien in Schulen

Heinen und Kerres nehmen an, dass Medien das Lernen befördern und dem Einzelnen helfen besser zu lernen. Hierbei werden fachliche wie auch überfachliche Kompetenzen angesprochen. Den Lernenden wird beigebracht, kompetent, kreativ, selbstbestimmt und eigenverantwortlich mit Medien zu arbeiten. Außerdem ist es notwendig, Lernende auf das von Medien geprägte Berufsleben zu präparieren. Schon früher spielten Computer in der Schule eine Rolle, zum Beispiel als Werkzeuge im Informatikunterricht. In der frühen Nutzung des Internets in Schulen wurde erkennbar, dass diese die individuellen Lernprozesse unterstützt (Heinen& Kerres, 2015, S.12). Es gibt diverse Möglichkeiten, wie man digitale Medien im Unterricht anwenden kann. Somit werden auf den folgenden Seiten Möglichkeiten für den Einsatz digitaler Medien erläutert.

4.1 Computerräume

Heinen und Kerres erwähnen, wie die Grundlage für das schulische Lernen mit digitaler Technik im Computerraum begonnen hat. Computerräume sollten, ähnlich wie ein Naturwissenschaftsraum, mit dafür benötigten Materialien, ausgestatte sein. Sie wurden vor allem für den Informatikunterricht verwendet. Zunehmend sind die Computerräume auch für Freiarbeit und Internetrecherche gedacht. Jedoch ist die Räumlichkeit nicht ideal für andere Schulfächer, da ein Raumwechsel nötig wäre und meistens ist es erforderlich Computerräume zu buchen, weil ihre Anzahl begrenzt ist. Für die individuelle Förderung ist der Computerraum ein „no- go". Jedoch würde der IT- Raum für SchülerInnen unterstützend wirken, wenn dieser den SchülerInnen zu bestimmten Zeiten den zur Verfügung stehen würde (Heinen& Kerres, 2015, S.13-14).

4.2 Medienecken in Klassenräumen

Kerres und Heinen nennen eine Alternative zu Computerräumen. Dies sind Medienecken in Klassenräumen, wobei einige Computer im Klassenzimmer aufgestellt sind und somit für einzelne SchülerInnen beziehungsweise für kleinere SchülerInnengruppen in Lernphasen zur Verfügung stehen. Diese Einsatzmöglichkeit hat sich als vorteilhaft erwiesen, weil die Computer unterrichtsnah im Klassenraum vorhanden sind. Demnach können sie situativ und für kurze Recherchen genutzt werden. In Grundschulen wird diese Möglichkeit gerne für Stationslernen angewendet. Medienecken in Klassenräumen können bei individuellen Förderungen behilflich sein, weil diese einzelnen SchülerInnen zur Verfügung stehen (Heinen& Kerres, 2015, S. 14).

4.3 Notebook Wagen/ Tablet Koffer (Pool- Lösungen)

Die bereits genannten Einsatzmöglichkeiten beziehen sich auf eine begrenzte Anzahl von Computern, die nicht für alle SchülerInnen einer Klasse verfügbar sind. Infolgedessen führen Heinen und Kerres Notebook Wagen oder Tablet Koffer auf. Mit der bereits genannten Möglichkeit ist der Gedanke verbunden, dass der Computer in die Klasse „kommt". Mit Notebook Wagen beziehungsweise Tablet Koffern können digitale Medien gezielt dann eingesetzt werden, wenn die SchülerInnen in individualisierten Lernprozessen beschäftigt sind. Außerdem können die Lernenden auf das zur Verfügung gestellte Gerät zugreifen oder sie arbeiten kooperativ in Kleingruppen. Auch diese Alternative hat Nachteile: Die geringe Anzahl an Wagen/ Koffern ist immer noch problematisch, der Transport von den Wagen über mehrere Stockwerke ist schwer möglich. Pool- Lösungen sind von Vorteil, wenn man in ausgewählten Stunden eine Lernumgebung einrichten will, in die die Lernende eigen mit digitalen Medien tätig sein können (Heinen& Kerres, 2015, S.14f.).

4.4 Notebook Klassen

Das Bayerische Staatsministerium für Unterricht und Kultus weist darauf hin, dass schülereigene Notebooks ein systematisches, kontinuierliches Arbeiten und Lernen mit digitalen Medien eröffnet. Das Notebook dient als Recherche-, Verarbeitungs-, Medien- und Produktionsmaschine, als Lernwerkzeug, als individuelles Arbeitsgerät, aber auch als Kooperations- und Kommunikationsunterstützung der Lerngruppe. Das Arbeiten mit persönlichen Notebooks ermöglicht einen permanenten, flexiblen und somit zeit- und ortsunabhängigen Zugriff. Der tragbare Computer steht für den Unterricht und auch für die häusliche Arbeit zu Verfügung und gilt deshalb als ein selbstverständliches Lern- und Arbeitsmedium. Jedoch muss man mit Veränderungen des Lern- und Arbeitsverhaltens von SchülerInnen, der Organisation von Unterricht und der Bereitschaft eines Rollenwechsels der LehrerInnen und SchülerInnen rechnen. Die Lehrkraft hat die Aufgabe, verstärkt den Lernprozess zu begleiten und zu organisieren und in Hinblick auf die Lernkompetenzen zu beraten und fördern. Die Lernenden sind aufgefordert, Verantwortung für ihren eigenen Lernprozess zu tragen (Bayerisches Staatsministerium für Unterricht und Kultus, o.J, S.2-3). Da heutzutage viele Lernende Vorwissen über digitale Medien haben, können diese mit ihren Erfahrungen im Umgang, ihre MitschülerInnen und die Lehrkraft unterstützen.

4.5 Bring your own device (BYOD)

Im vorletzten Unterpunkt wird eine weitere Möglichkeit genannt, die allen Schülern einen Zugang zu digitalen Medien bietet. Heinen und Kerres erklären, wie die Lernenden ihre privaten Geräte mit in die Schule bringen dürfen und dieses dort zum Lernen einsetzen. „Bring your own device" ermöglicht die individuelle Arbeit der Schüler. Durch diese Methode gestaltet sich die Lerninfrastruktur sehr heterogen (uneinheitlich). Jedes Gerät wird einen anderen Hersteller mit einem anderen Betriebssystem haben. SchülerInnen werden diverse Geräte verwenden, wie zum Beispiel Smartphones, Tablets, Note- und Netbooks. Aus medienpädagogischer Sicht bietet die Gerätevielfalt einen Vorteil für die SchülerInnen, jedoch einen Nachteil für die Lehrkraft. Die SchülerInnen lernen zusätzlich die Funktionsfähigkeit des eigenen Geräts und üben dessen Administration. Sie trainieren verschieden Geräte, Betriebssysteme und technische Konzepte zu differenzieren und auszuwählen, welches Arbeitsmittel für die gegebene Lernaufgabe die beste Unterstützung bietet. Der Nachteil für die Lehrkraft zeigt sich darin, dass nicht alle SchülerInnen auf die gleiche Software zugreifen können. Eine Lösung dafür ist, dass der Browser einen gemeinsamen Nenner darstellt und somit können die Lernenden mit Webangeboten arbeiten. Heinen und Kerres zeigen somit, dass das Prinzip BYOD individualisiertes Lernen unterstützt, weil Lernende jederzeit auf ihnen vertraute Geräte zugreifen können (Heinen& Kerres, 2015, S.17f.)

4.6 Interaktive Whiteboards (digitale Tafel)

Laut Hauke Pölert haben interaktive Whiteboards Funktionen, die einen flexibleren Unterricht reizvoll gestalten:

- Man kann mit Stift, Finger oder Tastatur schreiben.
- Das Zeichnen von geometrischen Formen wird vereinfacht.
- Das Speichern und Öffnen von Seiten, dh.> Hausarbeiten können zuhause vorbereitet und im Klassenzimmer geöffnet werden.
- Die Möglichkeit mehrere Seiten nacheinander anzulegen.
- Objekte vergrößern, verkleinern und verschieben ist kein Problem.

Jedoch haben interaktive Whiteboards auch Nachteile:

- Nicht jede Schule kann sich diese teuren Geräte kaufen.
- Die Einarbeitung in ein neues System und die Software erfordern wiederholte Fortbildungen.
- Es muss für die Klassengröße geeignet sein, das heißt die letzte Reihe sollte die Schrift lesen können (Pölert, 2019, o.S).

5. Kritische Aspekte

Die digitalen Medien zeigen nicht nur positive Wirkung beim Lernen, sondern bringen auch Nachteile mit sich. Deshalb werden in diesem Kapitel diverse kritische Aspekte, wie Ablenkung, „Copy and paste"- Phänomen und „Verdummung" genannt, die mit den digitalen Medien in der Schule einhergehen.

5.1 Ablenkung

Christine Stelzer- Orthofer beschreibt, dass durch die Nutzung von digitalen Medien im Unterricht die Ablenkung vom Unterrichtsstoff ein großes Problem ist. Die Lehrenden können sich nicht vergewissern, ob sich die SchülerInnen tatsächlich auf den Unterricht konzentrieren, oder stattdessen Computerspiele spielen und chatten. Infolgedessen können diese medialen Nebentätigkeiten einen negativen Einfluss auf die Lernerfolge der SchülerInnen haben. Stelzer- Orthofer nennt in ihrem Buch eine Studie aus Texas, die die Auswirkung der Nutzung von Notebooks im Unterricht untersuchte. Laut den Ergebnissen gab es kaum nennenswerte Unterschiede bei den Leistungen der SchülerInnen. Ausschließlich die Schreibleistung schnitt bei der Gruppe mit Laptops schlechter ab, als bei jenen ohne diese digitale Hilfe (Stelzer- Orthofer, o.J, S.80).

5.2 „Copy and paste" Phänomen

Aus persönlicher Sicht ist dieser Aspekt ein großes Problem für die Weiterbildung von Lernenden. Im Unterricht ohne digitale Medien müssen sich SchülerInnen beim handschriftlichen Schreiben intensiver mit dem Text auseinandersetzen. Heute reicht ein rasches Überfliegen von Texten aus, um mit einem Mausklick die Informationen vor sich zu haben (Copy and paste). Christine Stelzer- Orthofer geht davon aus, dass die „veraltete Methode" von Vorteil ist, da sie für die Langzeitspeicherung der Information im Gehirn sorgt. Hingegen erfolgt die Speicherung in der neuen Methode nur oberflächlich. Somit werden Lernende den Lernstoff innerhalb kurzer Zeit wieder vergessen. In Schulen ohne die Nutzung von digitalen Medien, wurden/ werden die Hausarbeiten mit der Hand geschrieben oder auch die Spickzettel, die für eine Schularbeit vorbereitet wurden. Sie hatten/ haben einen passiven Lerneffekt, weil sie eine aktive Beschäftigung mit dem Stoff erfordern (Stelzer- Orthofer, o.J, S.80-81).

5.3 Verdummung

„Das Argument der Verdummung durch zu viel Mediennutzung ist somit nicht schwach" (Stelzer- Orthofer, o.J, S. 81). Für Christine Stelzer- Orthofer wird durch oftmals schnelles „Googlen" das Gehirn einer zu geringen Beanspruchung ausgesetzt und somit sinkt die Motivationslage zum Einprägen neuer Lerninhalte. Obwohl man mit diversen Suchmaschinen innerhalb weniger Sekunden an neue Informationen gelangt, bleiben sie seltener im Gehirn gespeichert (Stelzer- Orthofer, o.J, S.81).

6. E- Learning

Die Pandemiezeit hat nicht nur Arbeitsstellen betroffen, sondern auch die Schule und, somit die Lehrkräfte und Lernende. Wie oben bereits genannt, können digitale Medien beim Lernen sehr unterstützend wirken, auch wenn diese Nachteile zeigen. Jedoch muss gesagt werden, dass digitale Medien, wie Tablets, Laptops, Computers etc., in dieser schweren Zeit eine massive Hilfe darstellen. Folglich wird das Thema „E- Learning" mit dessen Lernprogrammen und Lernstrategien behandelt.
Stelzer- Orthofer verweist auf Baumgartners Definition von E- Learning, demzufolge gehören alle elektronisch unterstützten Formen des Lernens zum E- Learning. Damals zählten alle elektronischen Medien in den Bereich E- Learning. Dagegen wird dieser Begriff heute mit dem Lernen über PC, häufig in Verbindung mit dem Internet, verstanden (Stelzer- Orthofer, o.J, S.83-84).

6.1 Lernprogramme

Unter diesem Unterkapitel werden zwei Lernprogramme, im Sinne von Hilfsmittel, genannt, mit deren Hilfe am Computer gelernt werden kann.

6.1.1 Computer Based Training

Heera Edwin erläutert, dass Computer Based Training eine neue Art des Lernens ist. Die SchülerInnen lernen anhand spezieller Trainingsprogramme am Computer. Dieses Programm hat etliche Vorteile:

- Der Lernende kann über die Themen mitdenken, antworten und Feedback an den Lehrenden und über den Unterricht geben.
- Es ist ortsunabhängig. Das heißt, dass der Lernende von zuhause aus lernen kann.
- Lernende können in ihrem eigenen Tempo lernen.
- Es fallen keine Reisekosten an (Edwin, 2017, o.S).

6.1.2 Web Based Training

Das Web Based Training ermöglicht, durch die Anwendung von Webtechnologien den Zugang zu Materialien im Internet. Es beinhaltet Text, Grafiken, Animation, Audio und Video und erfordert zusätzliche Bandbreite und Software, um ideal zu funktionieren. Dieses Lernprogramm wird auch als „Online- Kurs" oder „webbasierter Unterricht" bezeichnet. Die jeweiligen Vorteile sind:

- Die Schulung ist sehr einfach durchzuführen.
- Es kann in Form von Einzel-/ Gruppentraining durchgeführt werden.
- Eine Aktualisierung von Inhalten ist immer möglich.
- Benutzer brauchen minimalen technischen Support
- Es besteht eine Möglichkeit diese mit anderen Trainingssystemen zu verknüpfen (Edwin, 2017, o.S.).

6.2 Lernstrategien

Im Folgenden werden drei methodisch- didaktische Ausrichtungen bei E-Learning-Umgebungen erläutert.

Christoph Revermann, Peter Georgieff und Simone Kimpeler nennen drei methodisch- didaktische Ausrichtungen bei E- Learning Umgebungen. **Directed Learning** ähnelt der klassischen Rollenverteilung von Lehrenden und Lernenden. Der Lehrende übernimmt die aktive Rolle, leitet und überprüft die Lernprozesse.

Dem Lernenden wird erklärt, was zu lernen ist (Learning by telling). Im Mittelpunkt von **Self directed Learning** steht das selbstständige Lernen (Learning by doing). Diese Lernstrategie ist sehr anspruchsvoll und erfordert eine grundlegende Einführung und Betreuung durch den Lehrer. Die SchülerInnen haben sozusagen die Aufgabe, ihr Wissen selbstständig zu erarbeiten. Die dritte und letzte Strategie **Collaborative Learning** ist ein gemeinsames Lernen in Gruppen, wobei der Lehrende die Rolle eines Coaches oder Tutors übernimmt. Die Lernenden und die Lehrkraft reflektieren gemeinsam die Lernstrategien und Gruppenprozesse (Learning through reflection and discussion) (Revermann, Georgieff& Kimpeler, 2007, S.27).

7. Fazit

Zusammengefasst ist ein Medium der Vermittler von Inhalten. Anders meint der Begriff „Medien" die Massenmedien der modernen Gesellschaft (Zeitungen, Bücher, …).

Ein weiterer Begriff, der ebenfalls im Hinblick auf dieses Thema verwendet wird, ist die Mediendidaktik. Didaktik meint die Beschäftigung mit Lehr- und Lernprozessen sowie der Effekt von Unterricht. Diese beinhaltet die Methode der Wissensvermittlung, als auch die Art der Kommunikation zwischen Lehrenden und Lernenden.

Die Wirkung digitaler Medien im Unterricht bestimmen verschiedene Faktoren. Wie zum Beispiel die digitalen Medien beziehungsweise Medienangebote, die Lehrpersonen, Lernende und der Unterrichtsprozess.

Die vorgelegte Hausarbeit hat die Einsatzmöglichkeiten von diversen digitalen Medien im Unterricht, wie Computerräume, Medienecken in Klassenräumen, Notebook Klassen und mehr, genannt. Außerdem wurden die Nachteile von der Nutzung von digitalen Medien im Unterricht angeführt. Hierzu wurden die Ablenkung, Copy and Paste- Phänomen und „Verdummung" dargestellt.

Zum Beispiel sind Medienecken in Klassenräumen gut für kleine SchülerInnengruppen in Lernphasen geeignet. Bei dieser Möglichkeit sind die Computer unterrichtsnah in Klassenräumen vorhanden. Diese erweist sich als sehr nützlich, wenn im Unterricht kurze Recherchen durchgeführt werden müssen. Außerdem ist diese Alternative behilflich bei individueller Förderung.

Ein kritischer Aspekt ist die „Ablenkung". Hier wird davon ausgegangen, dass sich die SchülerInnen im Unterricht mit anderen Themen beschäftigen könnten, wenn vor ihnen ein Computer oder ein Tablet befindet. Die mediale Nebentätigkeit kann einen negativen Einfluss auf die Lernerfolge der SchülerInnen haben.

Da wir zurzeit in einer Pandemie leben und das Schulleben sich massiv verändert hat, wurde das E- Learning mit seinen Funktionen für Lehren genannt. Es wurden zwei Lernprogramme beschrieben, mit deren Hilfe am Computer gelernt werden kann. Zum einen das „Computer Based Training" und zum anderen das „Web Based Training". Ergänzend wurden drei methodisch- didaktische Ausrichtungen bei E- Learning Umgebungen bemerkt, wie Directed Learning, Self directed Learning und das Collaborative Learning.

8. Literaturverzeichnis

Bayerische Staatsministerium für Unterricht und Kultus (o.J), Wirkung und Mehrwert von Notebooks im Unterricht. Verfügbar unter https://www.mebis.bayern.de/wp-content/uploads/sites/2/2015/06/Mehrwert_Notebooks.pdf, [18.01.2021]

Edwin, H. (2017), Based Training: Definition and Benefits! Verfügbar unter https://blog.commlabindia.com/elearning-design/online-corporate-training-solutions, [25.01.2021]

Gundermann, A. (2015), Mediendidaktik. Der DIE- Wissensbaustein für die Praxis. Verfügbar unter https://www.die-bonn.de/wb/2015-mediendidaktik-01.pdf, [11.01.2021]

Heinen, R.& Kerres, M. (2015), Individuelle Förderung mit digitalen Medien. Verfügbar unter https://www.bertelsmann-stiftung.de/fileadmin/files/BSt/Publikationen/GrauePublikationen/Studie_IB_iFoerderung_digitale_Medien_2015.pdf, [07.02.2021]

Herzig, B. (2014), Wie wirksam sind digitale Medien im Unterricht?. Verfügbar unter https://www.bertelsmann-stiftung.de/fileadmin/files/BSt/Publikationen/GrauePublikationen/Studie_IB_Wirksamkeit_digitale_Medien_im_Unterricht_2014.pdf, [14.01.2021]

Pawlak, B. (2018), Lexikon: Medien. Verfügbar unter https://www.helles-Abbkoepfchen.de/artikel/3132.html, [11.01.2021]

Pölert, H. (2019), Interaktives Whiteboard/ Smartboard oder Tablet/ iPad in der Schule? Verfügbar unter https://unterrichten.digital/2019/06/12/interaktives-whiteboard-schule/#Tablet_und_Beamer_als_Tafelersatz_-_wer_braucht_noch_interaktive_Tafeln, [25.01.2021]

Revermann, C., Georgieff, P.& Kimpeler, S. (2007), Mediennutzung und eLearning in Schulen. Verfügbar unter https://www.tab-beim-

bundestag.de/de/pdf/publikationen/berichte/TAB-Arbeitsbericht-ab122.pdf,
[25.01.2021]

Stelzer- Orthofer, C. (o.J), Erwerbsarbeit und Digitalisierung. Chancen und
Risiken einer digitalisierten Arbeitswelt. Verfügbar unter
https://www.jku.at/fileadmin/gruppen/120/News_Events/Downloads/Gesellschaft
s-_und_Sozialpolitische_Texte_Bd.16_WEB.pdf, [07.02.2021]